ALCANZAR
TU MÁXIMO
POTENCIAL

Bernardo
Stamateas

Ediciones Certeza Argentina
Buenos Aires 2009

Stamateas, Bernardo
　　Cómo alcanzar tu máximo potencial – 2a. ed. – Buenos Aires :
Certeza Argentina, 2009.
　　120 p. ; 11x17 cm.

　　ISBN: 978-950-683-154-7

　　1. Autoayuda. I. Título
　　CDD 158.1

Las citas bíblicas corresponden a la versión *Reina-Valera* 1995.

Edición literaria: Adriana Powell
Diseño de tapa: Walter Saucedo
Diagramación: Miguel Collie

Ediciones Certeza Argentina es la casa editorial de la Asociación
Bíblica Universitaria Argentina (ABUA), un encuentro de estudiantes,
profesionales y amigos de distintas iglesias evangélicas que confiesan
a Jesucristo como Señor, y que se han comprometido a ejercer un
testimonio vivo en las universidades del país. Informaciones en:
Bernardo de Irigoyen 654, (C1072AAN) Buenos Aires, Argentina.

Contactos:
Ministerio a universitarios y secundarios: (54 11) 4331-5421
abuanac@fibertel.com.ar | www.abua.com.ar

Librerías y distribuidora: (54 11) 4331-5630, 4334-8278, 4345-5931.
Argentina: pedidos@certezaargentina.com.ar
Exterior: ventas@certezaargentina.com.ar

Editorial: (54 11) 4331-6651 | certeza@certezaargentina.com.ar
www.certezaargentina.com.ar

Impreso en Colombia. *Printed in Colombia.*

Prólogo

En estos tiempos donde el cambio se ha transformado en una constante y donde muchas personas son arrastradas por torbellinos de confusión, urgencia y presión, me da mucho gusto encontrar un libro que se enfoca en orientar a hombres y mujeres a darle sentido y orden a su vida. En una forma sencilla y temática presenta principios cuya efectividad quedó registrada en casos verídicos en las Sagradas Escrituras y comprobada durante los últimos milenios.

Si tu propósito es alcanzar la excelencia, *Cómo alcanzar tu máximo potencial* es para ti y debería transformarse en tu manual de cabecera para tomar las decisiones en el día a día. Te ayudará a mantener por delante la visión de Dios para tu vida y a establecer las estrategias adecuadas para cumplir tus metas.

El apóstol Pablo escribe: 'No os conforméis a este siglo, sino transformaos por medio de la renovación de vuestro entendimiento, para que comprobéis cuál sea la buena voluntad de Dios, agradable y perfecta.' Este libro es una guía para renovar tu manera de pensar y entender cuál es la voluntad de Dios para la vida. Te ayudará a incorporar principios bíblicos que sirven de molde para ir formando en ti las cualidades del carácter de Jesucristo.

Al adoptar y practicar los principios que se encuentran en este libro, comprobarás que la voluntad de Dios es que seas un cristiano que ejerza liderazgo, que seas disciplinado, alegre, que te relaciones bien con tu prójimo, que administres bien el tiempo, que sepas discernir entre lo urgente y lo importante, entre lo indispensable y lo superfluo. En la medida en que tomes decisiones sabias conforme a la voluntad de Dios y hagas diligentemente lo que te corresponde, quienes te rodean respetarán más tu liderazgo y te considerarán un modelo a quien imitar.

Dios te desafía a ampliar tu visión y a tener sueños grandes. El precio a pagar es preparación, entrenamiento y práctica para desarrollar todo el potencial de Dios para tu vida. En este manual tienes una herramienta excelente para renovar tu mente, modificar tus hábitos, moldear tu carácter y convertirte en una persona exitosa en el ámbito familiar, profesional, social y ministerial. ¡Haz la prueba! ¡Avanza! ¡Extiéndete hasta alcanzar la excelencia a la que Dios te está llamando!

Te recomiendo este libro ameno, diferente, fácil de leer, escrito por el pastor Bernardo Stamateas con sentido del humor. Te garantizo que será de bendición para tu vida y la de quienes te rodean.

Ingeniero Ernesto J. Silva

Contenido

Contenido

¿Se te presentan algunas de estas señales?

- Te olvidas de una cita importante.
- No sabes en qué se fue el dinero.
- Demasiados trabajos deben rehacerse.
- No sabes qué hacer a continuación.
- Se acumulan papeles en desorden.
- Llamadas de teléfono largas y sin sentido.
- Empezar siempre con atraso.
- Varias cosas para hacer a la vez.
- Te sientes frustrado.
- Proyectos sin terminar.
- Visitas o reuniones no programadas.
- No sabes decir que no.
- El tiempo no alcanza para nada.

No te desesperes. *Puedes* vivir una vida diferente, satisfactoria, especial. Fuiste elegido para la excelencia; Dios Padre quiere que tu vida cumpla un propósito único, y desea que triunfes en eso. Su Hijo Jesús es un triunfador: él triunfó sobre el pecado y todo sobre lo que nos hace daño; venció al diablo más de una vez hasta que lo derrotó para siempre en la cruz, y venció incluso a la muerte.

No tengo duda de que puedes tocar el cielo con las manos, mirar a nuestro Señor a los ojos y liberar todo ese potencial de dinamita que te ha sido dado por el Espíritu Santo. Él es el poder, la bomba de Dios en tu vida.

No intento enseñarte nada nuevo; simplemente quiero recordarte principios que te ayudarán a desenterrar esos talentos que están bajo la tierra, a desempolvar los dones descuidados, a activar el fuego de Dios que hay en tu corazón.

Para esto, debes estar dispuesto a que el Señor haga añicos tus conceptos viejos y derrotistas, y queme esas ataduras legalistas que se descubren en tu sonrisa triste. Debes romper con tu comodidad y dejar que la Palabra viva de Dios, que es dinamita, ¡estalle y te mate! Eso dije, que te *mate*. No hay otra opción. Sólo así Dios puede hacer nacer en tu interior alguien nuevo; puede encender una luz que brillará entre quienes te rodean; puede despertarte y llevarte hacia una vida llena de atractivos. ¡Sí! Es posible, si estás dispuesto.

Si estabas a gusto atrapado por la comodidad, la rutina, lo conocido, la indiferencia, la pasividad, la pereza, la mente de esclavo… prepárate. Este libro te desafiará a vivir para Dios y a escapar de los lazos del cazador. Te invito a elegir entre una vida superior o una mediocre.

Te propongo que el Señor sea todo o nada para ti. Esta lectura te desafiará a estar realmente dentro o quedarte fuera.

Oro a Dios para que esta nueva generación, la nueva iglesia que Dios ya ha levantado, vea la gloria del Dios vivo, vea milagros y conquistas. Oro para que lleves esa marca, para que sigas el mapa de Dios y estés en la lista de sus triunfadores.

Pastor Bernardo Stamateas
Lic. en Psicología, Lic. en Teología,
Sexólogo clínico, Educador Sexual,
Fundador y Director del INDAP.
Fundador y Pastor del Ministerio Presencia de Dios,
José Bonifacio 332, Buenos Aires.
Teléfono (54 11) 4924-1690.
www.presenciadedios.com

Capítulo 1

Metas

Tener visión es tener metas y saber adónde ir. Uno de los problemas más frecuentes de la gente es no tener metas, anhelos ni sueños concretos en los cuales poner su energía, recursos y dones.

Para tener éxito en la vida lo primero que debemos hacer es establecer metas personales; necesitamos saber adónde queremos llegar. Como cristianos, por cierto, nuestro deseo es que esas metas sean las que Dios tiene para nuestra vida. Soñar es mirar con los ojos de Dios.

¿Cómo deben ser las metas?
Concretas y cuantificables

Frases como 'mejorar mi calidad de vida', 'servir más a Dios', 'conocer gente' no sirven como metas porque son abstractas y no se pueden medir. Lo correcto es expresarlas de manera cuantificable: 'Caminar quince minutos por día este mes, luego aumentar a media hora.' 'Completar la lectura de diez libros hasta fin de año.' 'Colaborar una vez por semana en el comedor de la iglesia.' 'Invitar cada semana a una persona que vive sola, para conversar o compartir una actividad con nuestra familia.'

Con tiempo o plazo establecido

No es suficiente establecer una meta clara ('leer un libro'); también es preciso fijar el plazo o el tiempo ('en un mes'). La fecha nos ayuda a establecer la estrategia y a encauzar la energía.

Desafiantes y a la vez realistas

Las metas se refieren a algo que todavía no logré; es decir, contienen un desafío personal y un estímulo a la fe. Al mismo tiempo, deben ser realistas. No tiene sentido decir 'leeré toda la Biblia en dos días' o 'esta semana construiré un edificio'; la meta debe tener algo de base en la realidad.

A corto y a largo alcance

Hay metas que podemos lograr en los próximos meses o semanas y otras en los próximos años. Las metas de largo alcance no deben cambiarse a cada rato; deben ser claras, estables y concretas.

Las piedras grandes primero

Un especialista en motivación estaba dando una conferencia a un auditorio integrado por gente muy exitosa. 'Quisiera hacerles un pequeño examen', dijo. De debajo de la mesa sacó un jarro de vidrio, de boca ancha, y lo puso sobre la mesa; luego sacó una docena de rocas del tamaño de un puño y comenzó a colocar una por una en el jarro.

Cuando el jarro estaba lleno hasta el tope y no podía

colocar más rocas, preguntó al auditorio: '¿Está lleno este jarro?' Todos respondieron que sí. Entonces de debajo de la mesa sacó un balde con piedras más pequeñas; las comenzó a colocar una por una en el jarro hasta que quedaron bien acomodadas, luego de una pequeña sacudida, en los huecos dejados por las piedras grandes. Cuando hubo hecho esto preguntó una vez más: '¿Está lleno este jarro?' Esta vez el auditorio supo lo que vendría y uno de los asistentes respondió en voz alta: 'Probablemente no.'

'Muy bien,' contestó el expositor y de debajo de la mesa sacó un balde con arena y comenzó a echarla en el jarro hasta que la arena se acomodó entre las piedras y las rocas. Una vez más, preguntó: '¿Está lleno?' Esta vez varias personas respondieron a coro: '¡No!'

> A menos que ponga las piedras grandes PRIMERO, no podré ponerlas en ningún otro momento.

'¿Qué aprendemos de esta demostración?' preguntó. Uno de los espectadores levantó la mano: 'La enseñanza es que no importa cuán lleno esté tu horario, si te esfuerzas siempre podrás incluir algo más.'

'¡No! Esa no es la enseñanza,' replicó el expositor. 'Esta demostración enseña lo siguiente: A menos que ponga las piedras grandes *primero*, no podré ponerlas en ningún otro momento. ¿Cuáles son las piedras grandes en tu vida? ¿Un proyecto que deseas hacer funcionar? ¿Tiempo con la familia? ¿Tu fe, tu educación? ¿Algun causa que deseas apoyar? ¿Enseñar a otros lo que sabes? Recuerda poner estas piedras grandes primero, porque luego no encontrarás lugar para ellas.'

Ejercicio **Metas personales**

Anota tus metas en cada área.

Vocacional _____

_____

_____

Ministerial _____

_____

_____

Social _____

_____

_____

Familiar _____

_____

_____

Laboral _____

_____

_____

Antes de ponerte en marcha

Los sueños y anhelos liberan la energía interior. Saber qué quieres lograr es un requisito importante para movilizar tu potencial.

Las metas pueden ser sublimes, gloriosas, magníficas; pero no podremos alcanzarlas sin una actitud mental correcta. Solo avanzamos en la vida si tenemos paz espiritual y la seguridad de que Dios está con nosotros.

Finalmente, para cumplir nuestras metas es preciso tener actitud transformadora. De lo contrario, las oportunidades pasarán de largo sin que sepamos aprovecharlas (eso pasa con alguien que recibe una suma millonaria y no tiene la actitud necesaria para aprovecharla: pronto pierde todo). Si recibimos dinero, capacitación o cualquier otro recurso u oportunidad pero carecemos de esta actitud transformadora, desperdiciaremos todo. En cambio, la persona que tiene actitud transformadora y metas grandes, aprovechará y multiplicará todo lo que recibe.

Ejercicio Grandes sueños

Revisa tus metas, y ora por ellas.
Dios desea cumplir nuestros sueños.
¡Corramos tras ellos! Como dice el profeta:
Escribe la visión y vé tras ella.

Jehová me respondió y dijo:
Escribe la visión, grábala en tablas,
para que pueda leerse de corrido.

Habacuc 2.2

Vé, pues, ahora, y escribe esta visión en una
tabla en presencia de ellos, y regístrala en un
libro, para que quede hasta el día postrero,
eternamente y para siempre.   Isaías 30.8

 Cada cosa que vemos era antes un sueño en
la imaginación de alguien.
Los grandes hombres de Dios tuvieron sueños
sublimes y los llevaron a cabo.
Hay quienes dejan morir los sueños; otros,
en cambio, los alimentan y engrandecen.

Cuidado con los ladrones de sueños

No faltará quien nos diga que lo que soñamos es imposible, que no es el tiempo, que hay demasiados obstáculos
y limitaciones personales. Quieren matar nuestro sueño;
no dejemos que lo hagan. No nos quedemos encerrados
en el llanto y el espíritu de víctima. De nada servirá luego
culpar a otros.

La Biblia está llena de ejemplos inspiradores. José,
el hijo de Jacob, fue una persona que siguió adelante a
pesar de las adversidades; mantuvo una actitud firme de

fidelidad y confianza en Dios, y llegó a la meta. David le dio este consejo a su hijo Salomón, en 1 Crónicas 28.20: '¡Anímate y esfuérzate, y manos a la obra!'

Una buena autoimagen

¿A quién ves cuando te miras en el espejo? ¿A una persona derrotada antes de empezar, o a un hijo de Dios que crece día a día?

La persona que dice 'no puedo' ya fracasó antes de comenzar. Si nosotros mismos no recordamos lo valiosos que somos para Dios y no pensamos bien de nosotros mismos, nadie lo hará. Por eso, cuida de toda tu persona: tu salud espiritual y física, tu formación e incluso tu vocabulario y aspecto personal. Cuidar de nosotros mismos aumenta nuestra confianza.

Recuerda que todo experto alguna vez fue un aprendiz. Todos estamos llamados a crecer. Si otros lo lograron, nosotros también podemos hacerlo. No dejemos de invertir tiempo en nosotros mismos para superarnos y crecer a la imagen de Cristo.

Ejercicio **Mi manera de ser**

Si fuese un animal, sería... _____

Lo elegí porque... _____

Dibújalo:

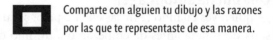

Comparte con alguien tu dibujo y las razones por las que te representaste de esa manera.

Crecer juntos

En la vida nos necesitamos unos a otros para llegar juntos. Por supuesto, no se trata simplemente de estar en un mismo sitio o de pertenecer a la misma institución:

➤ Podemos estar juntos pero no unidos.

➤ No es lo mismo antigüedad que experiencia.

➤ No es lo mismo perdurar que vivir.

➤ No es lo mismo agitarse que crecer.

➤ No es lo mismo trabajar que producir.

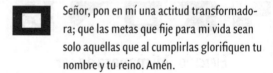

Señor, pon en mí una actitud transformadora; que las metas que fije para mi vida sean solo aquellas que al cumplirlas glorifiquen tu nombre y tu reino. Amén.

Capítulo 2

Cambio
de hábitos

El hábito es una conducta repetitiva. Hay hábitos beneficiosos, que generan disciplina; pero también hay hábitos negativos que son una atadura y bloquean la energía saludable en tu vida.

Hábitos negativos

Estos hábitos no nos llevan a ninguna parte. Por lo contrario, nos adormecen; nos hacen perder tiempo y productividad. Por eso en la Biblia se recomienda tanto 'velar', estar despiertos.

Los malos hábitos entran lenta y sutilmente y se instalan en nosotros. Son hábitos que solo producen resultados negativos y mucha frustración. La queja era un hábito negativo en la vida del pueblo de Dios, y eso demoró su entrada a la tierra prometida.

Cuando minimizamos los actos negativos, estos llegan a controlarnos. 'Un poco de alcohol no hace mal a nadie…' 'Una mentirita no es tan grave…' Recuerda: Adán y Eva comieron una vez la fruta prohibida, Ananías mintió una vez, Moisés golpeó la roca una vez.

Los hábitos negativos solo se pueden eliminar si se los reemplaza por otro positivo (de eso nos ocuparemos a lo largo de este libro). Por eso el apóstol Pablo recomienda:

> Desechando la mentira, hablad verdad …
> El que robaba, no robe más, sino trabaje …
> Quítense de vosotros toda amargura, enojo,
> ira, gritería, maledicencia y toda malicia.
> Antes sed bondadosos unos con otros …
> Efesios 4.25–32

> Mirad, pues, con diligencia cómo andéis, no
> como necios sino como sabios, aprovechando
> bien el tiempo, porque los días son malos.
> Por tanto, no seáis insensatos, sino entendidos
> de cuál sea la voluntad del Señor.
> Efesios 5.15–17

A continuación encontrarás descripciones de hábitos negativos que fácilmente se transforman en ataduras e impiden el desarrollo de tu potencial. Lee cada párrafo con atención.

Ataduras en cuanto al tiempo
Impuntualidad
Entre estos malos hábitos están: llegar tarde, citar a una persona a una hora determinada pero ir más tarde, especular con el horario ('Si es a las 7, llego a las 8.').

Alguna vez puede pasar, pero cuando se hace un hábito resulta peligroso. El mensaje que transmitimos es que no nos importa estar con esas personas, que no valen nada para nosotros.

Faltar sin motivos verdaderos

Decimos que estaremos allí pero no vamos, por olvido o simplemente porque nunca tuvimos en mente asistir. Decimos que estamos en camino, pero ni siquiera salimos de nuestra casa. Al actuar así comunicamos que esta reunión no es importante para nosotros, que no vale la pena, que nos da igual ir o no ir.

Ataduras en el área de administración

Ser desordenado

Anotamos todo en papelitos, con tachones, junto con otras cosas… y después no encontramos nada.

Lo exterior refleja cómo es nuestro interior. 'Dime cómo está tu escritorio y te diré cómo es tu vida.' Si confesamos que Jesús trajo orden en nuestro interior, lo que se ve debe estar también en orden.

Dejar todo librado al azar

Este hábito nos hace escudarnos con frases como: 'Bueno, Dios dirá.' 'No sé, irá saliendo.'

Lo cierto es que resulta más provechoso 'perder' veinte minutos para organizar un día que perder el día sin saber qué hacer.

Ser inconstantes
Empezamos las cosas pero no las terminamos; dejamos todo por la mitad. Llamamos a un discípulo por teléfono un par de veces y luego dejamos de hacerlo porque ya nos hemos cansado.

Ataduras en la lengua
Ser irresponsables
Decimos una cosa y hacemos otra. Decimos sí, pero es quizás; decimos quizás, pero es no; decimos mañana, pero es nunca. El Señor nos dice: "Sea vuestro hablar: 'Sí, sí' o 'No, no', porque lo que es más de esto, de mal procede " (Mateo 5.37).

Ser agresivos
Lastimamos y desalentamos a los demás con nuestras palabras. Nos dañamos a nosotros mismos con expresiones que niegan la buena obra de Dios en nosotros. Prejuzgamos, pasamos chismes, insultamos. Todos estos comportamientos pueden llegar a ser habituales en nuestra relación con otros, y amargan nuestra vida y la de ellos.

Ataduras del espíritu
Descuidar disciplinas y compromisos
Somos inconstantes en la oración, en el ayuno, en la lectura de la Biblia, en el cuidado de las personas a nuestro cargo, en el diezmo, en congregarnos, y en tantas cosas más.

Pedir lo que no damos

Pretendemos siempre que los demás nos sirvan, exigimos recibir pero no estamos dispuestos a dar. Responsabilizamos a los demás de nuestros errores o fracasos. Hasta pretendemos de Dios soluciones caprichosas y mágicas.

Cambiar para crecer

Todos estos hábitos nos impiden cumplir metas; frustran nuestra vida y arruinan nuestra relación con otras personas. Cambiar lleva tiempo, voluntad y disciplina, pero vale la pena. En el próximo capítulo, comenzaremos por un área crítica: la administración del tiempo.

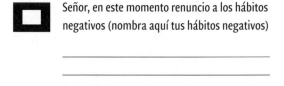

Señor, en este momento renuncio a los hábitos negativos (nombra aquí tus hábitos negativos)

_____

_____

_____

que dominan mi vida e impiden el desarrollo de mi potencial. Te ruego que me des las fuerzas para cambiarlos por otros positivos. Amén.

Capítulo 3

Administrar
bien el tiempo

A lo largo del día y del año emprendemos muchas acciones inútiles, que nos hacen perder el tiempo. El tiempo no es oro, es *vida*. El dinero va y viene, pero la vida transcurre y no regresa.

No podemos comprar tiempo; no se puede ganar pero sí se puede perder. Tampoco se puede ahorrar, de modo que hay que gastarlo con cuidado. El que no sabe administrar su tiempo no puede administrar nada.

Todos tenemos veinticuatro horas cada día; jóvenes y adultos, ricos y pobres, en cualquier lugar del mundo. Pero lo que cada uno hace con ese tiempo fijo es diferente, y esa diferencia determina el fracaso o el éxito en las metas que nos hemos fijado.

¿Qué es el tiempo?

Es hoy, es el presente. Es ahora. El ayer es un cheque sin fondos, el futuro es un pagaré; en cambio *hoy* es el efectivo que tenemos.

No es lo mismo ser eficaz que ser eficiente. Ser eficaz es hacer la tarea apropiada. Ser eficiente es hacerla correctamente. Por eso, la buena administración no consiste solamente en trabajar sino en hacerlo más inteligentemente.

Problemas más frecuentes en la administración del tiempo

Sobrecarga

Tratamos de abarcar más de lo que podemos hacer. Después nos invade la sensación de estar atrapados, ahogados. 'No tengo tiempo, necesitaría días de cuarenta horas.' '¿Cuánto más podré seguir sin caer en estrés?'

Las personas que administran bien su tiempo hacen mucho, pero no se sobrecargan. Por eso no llegan al estrés. En cambio, quienes no saben administrar su tiempo hacen menos y se agotan más.

Distracción

Iniciamos tareas pero no las completamos. Abandonar y retomar más tarde una tarea es una manera poco productiva de organizar el tiempo; perdemos mucho tiempo en volver a preparar todo. Es mejor dedicar lo necesario a cada asunto, hasta completarlo.

Dispersión

Empezamos mil cosas y no terminamos ninguna. Esto sucede cuando no nos concentramos en los objetivos principales que tenemos por delante. Las listas de control son una ayuda para contrarrestar este hábito: anota lo que es imprescindible hacer y controla tu actividad con la lista.

Conviene evitar las actividades de baja productividad y la demora en la toma de decisiones. Cuando nos concentramos más en formalidades y cuestiones secundarias que en los resultados, todo se atrasa.

Impuntualidad, desinformación

Hay quienes llegan tarde a todas partes y hacen todo con atraso. Otros se presentan a reuniones que fueron suspendidas. Lo más práctico es tener una agenda, y consultarla. Además, conviene verificar antes de cada reunión o actividad programada, para no desperdiciar ese tiempo en caso de que el encuentro se hubiera suspendido.

Mediocridad

Hacer todo con apuro y de cualquier forma es una manera mediocre de usar el tiempo. Los golfistas saben que deben concentrarse en cada golpe por separado si quieren ser eficientes. Sobre este tema, recomiendo el libro *Mente de esclavo* (CLIE, Barcelona).

El valor del tiempo

Para darte cuenta del valor de un año:
Pregúntale a un estudiante que ha fallado
en un examen final.

Para darte cuenta del valor de un mes:
Pregúntale a una madre que ha dado a luz
a un bebé prematuro.

Para darte cuenta del valor de una semana:
Pregúntale al editor de un diario semanal.

➤ Para darte cuenta del valor de una hora:
Pregúntale a amantes que esperan verse.

➤ Para darte cuenta del valor de un minuto:
Pregúntale a una persona que ha perdido
el tren, el colectivo o el avión.

➤ Para darte cuenta del valor de un segundo:
Pregúntale a una persona que ha sobrevivido
a un accidente.

➤ Para darte cuenta del valor de un milisegundo:
Pregúntale a una persona que ha ganado una me-
dalla de plata en las olimpíadas.

Sugerencias para mejorar el uso del tiempo

Usa una agenda

Para recordar algo lo mejor es anotarlo. Si usamos una
agenda, evitaremos frases como: ¿Dónde lo anoté? ¿Dónde lo tenía? ¿Era hoy o ayer?

Hay personas que tienen múltiples actividades y
diversas funciones. Para eso conviene que la agenda
tenga secciones, tal vez separadas con hojas de colores
o portadas distintas.

Dedica tiempo para estar a solas con el Señor

Salmo 31.15 dice: 'En tu mano están mis tiempos.' Cuando
comenzamos el día con el Señor somos más conscientes
de su presencia a lo largo del día. Podemos decir como
David: 'Bendeciré a Jehová en todo tiempo.'

Durante la jornada, es bueno volver a hablar con el Señor cada dos horas y dejar que su presencia fluya sobre todo lo que hacemos.

Organiza el día

Al comenzar cada día, toma unos minutos para organizarte.

Esto es sumamente importante; si no organizamos el día antes de salir, después no sabemos muy bien qué hacer. Esos diez o veinte minutos de planificación pueden ahorrarnos horas.

Conviene hacer las cosas más importantes en los horarios en que tenemos más energía; no las dejemos para cuando estemos cansados. Como dice Eclesiastés: 'Todo tiene su tiempo…'

Ser activos no es garantía de ser productivos. Muchas personas hacen mil cosas ¡que no conducen a nada!

Jerarquiza las tareas

Asígnales un número por orden de importancia, y deja un margen para lo inesperado. Pregúntate siempre: '¿Es necesario hacer esto, es importante para mi vida?'. Al ordenar las tareas, haz siempre primero lo más importante. Separa tiempo suficiente para cada cosa.

Ser activos no es garantía de ser productivos. Muchas personas hacen mil cosas ¡que no conducen a nada! Se puede trabajar mucho pero en la dirección equivocada. Considera la recomendación del apóstol Pablo:

> Mirad, pues, con diligencia cómo andéis, no
> como necios sino como sabios, aprovechando
> bien el tiempo, porque los días son malos.
>
> Efesios 5.15–16

Siempre hay que hacer primero lo más importante, y eso tiene que ver con los objetivos, con las metas que tenemos.

En cada decisión, pregúntate: '¿Estoy haciendo lo importante? ¿Estoy haciendo lo trascendente? ¿Voy en busca de mis objetivos? ¿Estoy enfocado en las metas de Dios?'.

A veces perdemos tiempo volviendo una y otra vez sobre cuestiones pasadas, en lugar de seguir avanzando hacia el futuro y las metas.

Delega lo delegable

Muchas veces hacemos cosas que otros podrían hacer; lo mejor es conversar (en la familia, en el grupo, en la iglesia) y distribuir las tareas de acuerdo a los talentos, a la experiencia y al tiempo disponible de cada persona. Al elegir un equipo de trabajo, es importante designar personas que sepan trabajar con autonomía, que tengan autodisciplina. Aun si la responsabilidad final es nuestra, aprender a delegar nos ayuda a trabajar en equipo y con mayor rapidez.

Hazlo ahora

No después, no más tarde. Ahora. No dejemos para después lo que podemos hacer ahora. En vez de anotar algo en un papel suelto anótalo ahora mismo en la agenda. En vez arreglar esa rotura la próxima semana, hazlo ahora.

Fija metas realistas

Cada uno sabe cuánto puede realmente hacer en un día. A veces nos proponemos más de lo que es posible realizar, y finalmente nos sentimos frustrados.

No acumules papeles ni materiales

En cuanto usamos o leemos algún papel, si sabemos que no lo vamos a utilizar más conviene arrojarlo al tacho. Lo mismo en el taller, en la mesa de costura, etc.

Aprovecha las esperas

En las salas de espera, en las colas para hacer algún trámite: ten a mano un buen libro o algo para escuchar. Aprovecha el tiempo.

La paradoja de nuestro tiempo

◄ Gastamos y compramos más pero disfrutamos menos.

◄ Tenemos casas más grandes pero familias más pequeñas; más compromisos pero menos tiempo.

◄ Hablamos mucho, amamos poco, odiamos demasiado.

◄ Aprendemos a armar una vida pero no a vivirla plenamente.

◤ Hemos llegado a la luna pero nos cuesta cruzar la calle y conocer a nuestro vecino.

◤ Hemos conquistado el espacio exterior pero no el interior; nos ocupamos de limpiar el aire pero contaminamos nuestras almas.

Por eso…

➤ No guardes nada para una ocasión especial, cada día que vives es una ocasión especial…

➤ Lee más y limpia menos. Siéntate en la terraza y admira el paisaje sin fijarte únicamente en las malas hierbas.

➤ Pasa más tiempo con tu familia y amigos y menos tiempo trabajando.

➤ No guardes tu mejor perfume para esa fiesta especial, úsalo cada vez que te den ganas de hacerlo.

➤ Frases como 'algún día', 'uno de estos días'… quítalas de tu vocabulario.

➤ No intentes retardar o detener o guardar nada que podría agregar risa y alegría a tu vida.

➤ Cada día, hora, minuto, semana de tu tiempo es especial.

Ejercicio **Soluciones**

Junta cada problema con su solución.

Mi problema es:	Mi solución sería:
Sobrecarga.	Hacerlo ya.
Mala organización.	Empezar algo y terminarlo.
Distracción.	Anotar todo.
Impuntualidad.	Tirar o regalar. lo que no necesito.
Mediocridad.	Estar más a solas con Dios.
Desorden.	Planificar el día antes de salir.
	Delegar.

 Enumera tus problemas en cuanto al tiempo y pide a Dios en oración que te muestre una solución para cada caso.

Capítulo 4

Renovar
la manera
de pensar

Todo comienza en tu cabeza. Es allí donde debes cambiar primero. Es de allí de donde hay que sacar, o mejor dicho *matar*, eliminar todo aquello que en lugar de aceptar la Palabra de Dios obedece a conceptos humanos y diabólicos que frenan tu potencial.

Pensar con excelencia. ¿Suena raro, verdad? Estamos acostumbrados a pensar en pequeño, a planificar sólo a corto plazo, para salir del momento. Sin embargo, hay una mejor manera de pensar.

La diferencia entre la mediocridad y la excelencia está en la manera de pensar. Es allí donde el enemigo siembra sus semillas, esas sugerencias perniciosas que nos atan y nos limitan.

La mente es un gran lugar de almacenaje, sin duda. Además de conceptos valiosos, también puede almacenar semillas diabólicas, pensamientos de muerte y hábitos negativos. Entrega tu mente a Cristo, adóralo con todo tu ser; siembra en tu mente los pensamientos de Dios.

Algunos imaginan a Jesús como un intelectual mediocre, otros como un analfabeto impulsivo, otros como un hombre debilucho y depresivo que no pudo salvar ni su propia vida. Jesús es todo lo opuesto a esas percepciones.

Él es el maestro intelectualmente excelente; sus pensamientos son creativos y gloriosos; su sonrisa, brillante. Toda su personalidad irradia la gloria de Dios. Los niños lo aman, su unción atrae a grandes multitudes. Jesús es así… y ¡él vive en tu ser!

Si queremos llegar a tener la mente de Cristo, es importante identificar los pensamientos humanos que frenan nuestro potencial.

Ejercicio Los límites que nos ponemos

¿Qué pensamientos y actitudes frenan mi potencial?

1. Mandatos: Expectativas de otros que incorporamos como una obligación o como una carga.

Debo… _____

_____

_____

_____

_____

2. Maldiciones: Palabras negativas que usamos para nosotros mismos.

Estúpido. Incapaz. _____

_____

_____

_____

_____

3. Carencias:
Aquellas limita-
ciones que percibi-
mos en nuestra
persona y nos
impiden encarar
metas y proyectos.

No pude estudiar.

_____

_____

_____

_____

_____

_____

4. Imágenes
negativas:
Conceptos sobre
nosotros mismos
que pueden o
no ser coherentes
con la realidad.

Soy torpe.

_____

_____

_____

_____

_____

Ejercicio **Qué pienso de mí mismo**

Una sencilla lista de verificación te ayudará a reconocer la imagen que tienes de ti mismo y en qué necesitas modificarla. Marca las siguientes afirmaciones que tomas como propias:

____ Soy una persona optimista.

____ Llevo una vida satisfactoria y equilibrada.

____ Soy una persona entusiasta.

___ Proyecto una autoimagen positiva.

___ Estoy contento en situaciones sociales nuevas.

___ Busco lo bueno en los demás.

___ Aprecio y acepto las felicitaciones sinceras.

___ En las conversaciones busco contacto visual.

___ Soy una persona orientada a las metas.

___ No me molesta tener que tomar decisiones.

___ Cuido mi cuerpo y creo que es importante vestir bien.

___ Soy capaz de expresar mis sentimientos directamente.

___ Puedo reírme de mis propios fracasos y errores.

___ Soy capaz de pedir ayuda sin sentirme culpable.

___ Me siento cómodo hablando ante otros.

___ Considero que los obstáculos son desafíos.

___ Sé escuchar.

___ Acepto la responsabilidad de mis pensamientos y actos.

Agradece a Dios por todo aquello que te dio, por cómo te fue moldeando a su imagen. Pídele que siga trabajando en tu persona.

Cambia tu manera de pensar y cambiará tu manera de vivir

Lo que define nuestra actitud en la vida es la imagen que tenemos de nosotros mismos, nuestra manera de interpretar la realidad, nuestra manera de *ver*. Tener conceptos y actitudes negativas hacia nosotros mismos nos impide cumplir metas y proyectos.

Fíjate cómo saludan las distintas personas. Esa gente que, cuando le preguntas cómo está, responde 'todo mal' o 'peor que nunca', ven todo a través de una actitud negativa, pesimista. En cambio hay personas que con solo saludarnos ya nos han contagiado su entusiasmo y buena disposición.

La ventana

Había dos hombres, los dos con enfermedades graves, en la misma habitación de un gran hospital. Pese a ser una habitación minúscula, tenía una ventana que daba hacia afuera.

A uno de los hombres, como parte de su tratamiento, se lo colocaba sentado en la cama durante una hora por la tarde. Su cama estaba junto a la ventana.

Todas las tardes, el hombre junto a la ventana pasaba esa hora describiendo lo que veía afuera. Al parecer la ventana daba a un parque en el que había un lago. En él había patos, cisnes, y los chicos se acercaban para arrojarles pan y hacer navegar sus barquitos. Los enamorados caminaban tomados de la mano junto a los árboles; había flores y canteros de césped y juegos. Y al fondo, detrás de la hilera de árboles, se veía un espléndido panorama de la ciudad, recortada contra el cielo.

El compañero en la otra cama permanecía acostado y escuchaba las descripciones que le hacía el otro, y disfrutaba cada minuto. Escuchaba cuando le contaba de un chico que casi se había caído al lago y lo lindas que estaban las chicas con sus vestidos de verano. Las descripciones de su compañero, en definitiva, le hacían sentir que prácticamente podía ver lo que pasaba afuera.

Una tarde muy agradable, se le ocurrió: ¿Por qué el hombre de la ventana debía tener todo el placer de ver qué pasaba? ¿Por qué no iba a tener él la oportunidad? ¡Haría cualquier cosa por cambiar lugares! Una noche, mientras miraba al techo con amargura, el otro hombre se despertó de repente con tos y trató desesperadamente de alcanzar el botón para llamar a la enfermera, pero él lo observó sin moverse, incluso cuando el sonido de la respiración se detuvo.

Por la mañana la enfermera encontró

al hombre muerto y, en silencio, se llevaron
el cadáver. Cuando lo consideró oportuno,
el hombre preguntó si podían cambiarlo
a la cama que estaba al lado de la ventana.
Lo trasladaron, y lo pusieron cómodo.
En cuanto se fueron, con dificultad y
laboriosamente se incorporó y se asomó
por la ventana.

Enfrente solo había una pared blanca.

Nuestra visión

Interpretamos la realidad en función de lo que nuestros
ojos ven. Por eso se dice que 'no hay peor ciego que el
que no quiere ver'.

Cada uno de nosotros percibe la realidad de una forma
distinta. Cierra los ojos y nombra las cosas que hay en la
habitación o en el lugar donde te encuentras. ¿Cuántas
mencionaste y cuántas quedaron sin nombrar? Lo mismo
ocurre con las cosas intangibles, con la realidad espiritual.
Vemos algunas y pasamos otras por alto.

La persona que tiene fe verá la realidad desde la pers-
pectiva de Dios, pero la persona que deja que el diablo
siembre pensamientos negativos en su mente verá todo
de otra manera. Cuando José fue arrojado al pozo, la
gente seguramente diría: 'Pobre chico.' Dios, en cambio,
decía: 'Ahí va el futuro ministro de economía.' Frente a
Goliat la gente decía: 'Es demasiado grande para derri-

barlo.' En cambio, David pensó: 'Es demasiado grande para errarle.'

¿Por qué alguien pierde el trabajo y tiene fe de que va a encontrar otro, y en cambio otra persona se suicida? ¿Por qué un enfermo se desespera y otro espera con fe en Dios? No cabe duda de que la manera en que percibimos la realidad define nuestra actitud y nuestras acciones.

Nuestra concepción del mundo siempre es limitada y condicionada; nosotros hacemos construcciones parciales de la realidad. La verdad con mayúsculas solo la tiene nuestro Señor. El potencial que Dios ha puesto en nosotros se libera cuando empezamos a ver lo que Dios ve, aunque humanamente no puede verse todavía. En *eso* consiste la fe, en ver lo que todavía no se ve como si ya lo viéramos.

Desde dónde miramos

La lluvia puede ser algo alegre para un granjero y una mala noticia para los que se casan. El significado de cada acontecimiento depende de las circunstancias que vive cada persona. Por eso, ponernos en el lugar del otro nos ayuda a entender mejor por qué interpreta las cosas de cierta manera.

Considera, por ejemplo, una pelea en un matrimonio que conoces. Ponte en el lugar de él y piensa en qué tiene razón; luego ponte en el lugar de ella y considera sus razones. Es importante aprender a ponernos en distintas situaciones para comprender mejor la realidad y el comportamiento de los demás.

Potencial espiritual

Tu potencial no viene del hemisferio derecho, de los pensamientos positivos, de la psicodanza, de la nueva era, de la psicología positiva, del mantra. Tu potencial viene del Espíritu Santo. Este es un poder ilimitado, el mismo que resucitó a Cristo. El Espíritu Santo es quien nos da dones y poder. El Señor dice algo que sería bueno que aprendiéramos de memoria: 'No con ejército, ni con fuerza, sino con mi espíritu' (Zacarías 4.6).

Este potencial empieza a fluir desde la mente. Dios nos dotó con un cerebro que asombra a los científicos del mundo; millones de células llamadas neuronas, cada una con prolongaciones como tentáculos que salen de su núcleo central, a su vez cubiertas por millones de protuberancias que vinculan a las neuronas. Se calcula que

Tu potencial viene del Espíritu Santo. Este es un poder ilimitado, el mismo que resucitó a Cristo.

existen alrededor de diez mil millones de neuronas; se ha demostrado que a mayor cantidad de estímulos, más protuberancias se unirán a otras, aumentando las interconexiones cerebrales. ¡Imagínate lo que puede suceder si permites que el Espíritu Santo las recorra y las active con su dinamita!

Ejercicio **Palabras negativas**

Estas son algunas que no nos hacen nada bien:

'No puedo.'

'No sé.'

'Nunca lo hice.'

'Pobre de mí.'

Anota tus 'palabras negativas' preferidas.

_____

_____

_____

_____

Las 'palabras negativas' solo producen excusas:

'No tengo tiempo.'

'Soy nuevito.'

'Soy evangélico.'

'Mi familia no me deja.'

¿Qué haces en las situaciones que se describen a continuación?

Cuando estoy enfermo, mis excusas son:

_____

_____

_____

_____

En las crisis familiares, mis excusas son: _____
_____
_____
_____
_____

En las crisis en la iglesia, mis excusas son: _____
_____
_____
_____
_____

Si tengo dificultades económicas, mis excusas son: _____
_____
_____
_____
_____

La basura va a la bolsa de la basura. Allí deben ir todas esas expresiones que limitan el potencial que Dios te ha dado.

Ejercicio **Cambia tu manera de hablar**

Ora al Señor y pídele perdón por decir tantas palabras negativas, y comienza a hablar con palabras de fe. Deja de saludar a otros con palabras negativas y empieza a bendecir con tu saludo.

1. Renuncia a saludar con estas expresiones:

¿Cómo estás? Y, tirando.

Aquí andamos, luchando.

¿Te digo la verdad o te miento?

Para el desastre.

Peor que nunca.

Ojalá no hubiese nacido.

¡Cuánta comunicación dañina!

2. Ahora escribe lo que tú contestas más a menudo cuando te preguntan…

¿Cómo estás? _____

_____

_____

_____

_____

Por último,	¡Excelente!
practica	Mejor que ayer.
en voz alta:	De gloria en gloria.
	Bendecido.
	Caminando con Jesús.
	Atento al poder de Dios.
	¡Espectacular!

El poder de las palabras

Dos ranas cayeron en un hoyo profundo. Todas las demás ranas se reunieron alrededor del hoyo. Cuando vieron cuán hondo era, le dijeron a las dos ranas en el fondo que, para todo efecto práctico, se debían dar por muertas.

Las dos ranas no hicieron caso a los comentarios de sus amigas y siguieron tratando de saltar fuera del hoyo con todas sus fuerzas. Las otras ranas seguían insistiendo que sus esfuerzos serían inútiles.

Finalmente, una de las ranas dio crédito a lo que le decían y se rindió. Entonces se desplomó y murió. La otra rana continuó saltando tan fuerte como le era posible. Una vez más, el coro de ranas le gritó que dejara de sufrir y simplemente se dispusiera a morir.

Pero la rana saltó cada vez con más fuerza hasta que finalmente salió del hoyo.
Cuando salió, las otras ranas le preguntaron: '¿No escuchaste lo que te decíamos?'
La rana era sorda. Ella pensaba que las demás gritaban para animarla a esforzarse más para salir del hoyo.

Esta historia ilustra lo que enseña Proverbios 18.21: 'La muerte y la vida están en poder de la lengua; el que la ama, comerá de sus frutos.' Una palabra de aliento puede ayudar a alguien a levantarse y finalizar el día. En cambio, una palabra destructiva, a alguien que ya se siente desanimado, puede terminar de destruirlo. Las palabras pueden robarle el ánimo que le hubiera ayudado a seguir en la lucha en medio de tiempos difíciles. A quienes se cruzan en nuestro camino hablémosles de vida, de alegría, de esperanza. Aunque parezca increíble, una sola palabra de ánimo puede hacer mucho bien.

Tengamos cuidado con lo que decimos, pero también con lo que escuchamos. Esto es sumamente importante. Recibamos solo lo que es bueno.

Ejercicio **Renunciar a las 'frases asesinas'**

Este es un pacto que realizas contigo mismo.
Es un compromiso para dejar 'lo viejo',
lo que no sirve, lo que te estanca.

Aquí hay algunas expresiones que alguien
describió como 'frases asesinas'. Mátalas
antes de que estas acaben contigo y con tu
capacidad creadora.

___ Nunca lo hicimos así.

___ No va a funcionar.

___ No tenemos tiempo.

___ No tenemos personal.

___ No entra en el presupuesto.

___ Ya lo hemos intentado.

___ Todavía no estamos listos.

___ Muy académico.

___ ¿Qué pensará la gente?

___ Demasiado moderna.

___ Demasiado antigua.

___ Dejémoslo para otro momento.

___ Ustedes no comprenden nuestro problema.

___ Somos muy pequeños para eso.

___ Somos muy grandes para eso.

___ Formemos una comisión.

___ No es problema nuestro.

___ Esto no es evangélico.

___ Van a pensar que somos liberales.

___ Van a pensar que somos conservadores.

___ No va a funcionar en mi área.

___ No vayan tan rápido.

___ Otra vez con cosas raras.

___ Mejor esperar y ver.

___ Los pastores van a protestar.

___ Preséntenlo por escrito.

___ No veo qué relación tiene.

___ No sirve para este grupo.

___ Están locos.

___ Suena bien pero no creo que funcione.

___ No está dentro de nuestros planes.

___ No está en ningún reglamento.

___ Nunca hemos utilizado ese enfoque.

___ Va a significar más trabajo.

____ Sí, pero...

____ Va a aumentar los gastos.

____ Es muy pronto.

____ Es muy tarde.

____ Va a molestar a Fulano...

____ No va a dar buenos resultados.

____ Ustedes no comprenden los problemas.

Reconozco que las frases marcadas son aquellas que más frecuentemente he hecho mías. Desde hoy prometo dejarlas de lado en mi vida, las reconozco como estorbos en mi deseo de ser un líder libre y creativo. Renuncio a ellas con total firmeza.

Firma y fecha _____

Disciplina

Capítulo 5

Disciplina

¿Cómo podemos tener más gozo?

Respuesta: Haciendo aquello para lo cual fuimos creados. La alegría no depende de que las circunstancias sean buenas sino de que estemos haciendo lo que Dios nos ha llamado a hacer.

En realidad, nadie puede motivar a otro. Nadie puede motivarte, sólo tú puedes hacerlo por ti mismo. Podemos sugerir, entusiasmar, estimular… pero es cada persona la que decide ponerse en marcha (o no) tras un objetivo.

¿Por qué frente a un mismo sermón algunos bostezan y otros dicen 'A partir de ahora cambio mi vida'? ¿Por qué después de un debate o una charla algunos salen con ideas pero no intentan nada, y en cambio otros las ponen en práctica inmediatamente y con éxito? La respuesta es que estos últimos tienen motivación interior.

La disciplina del éxito

Tenemos imágenes negativas sobre lo que es la disciplina. Pensamos en alguien que nos da órdenes, en leyes estrictas que hay que cumplir, o en obediencia de tipo militar. Nada de eso es verdad. La disciplina es lo que une la idea o meta que tenemos y el fruto que logramos. Grafiquémoslo:

METAS—DISCIPLINA—FRUTOS

Disciplina es el puente que une ambos extremos. Mucha gente fracasa porque tiene metas pero carece de disciplinas eficaces. Espero que este libro te ayude a desarrollar disciplinas liberadoras que traigan fruto a tu vida.

En cualquier campo, progresar requiere disciplina. Si eres empleado, para progresar no es suficiente pedir un aumento al jefe o leer libros con 'Cinco reglas para vender más'. Lo mismo es cierto respecto a tu desempeño como estudiante, a tu crecimiento cristiano, a tus relaciones personales. También se requiere de disciplina para modificar malos hábitos o vencer adicciones. Para cambiar y progresar necesitamos disciplina y fe en aquello que nos llevará a la meta.

Componentes de una disciplina para el éxito
Busca toda la información posible

No aprendemos nada por ósmosis ni por magia. Aprendemos por decisión y esfuerzo. Si queremos llegar a una meta en cualquier asunto, tendremos que invertir tiempo para aprender todo lo posible sobre esa cuestión. Es igual si se trata de lograr conocimiento, bienes, felicidad o sabiduría.

Todas las personas que han alcanzado logros importantes se han preparado para hacer las cosas de la mejor manera. Investiga cómo lo hicieron. Hay información en Internet, libros, grabaciones. Infórmate sobre los hombres y mujeres de Dios que han logrado algo, y aprende de ellos. Habla con quienes han realizado cambios en su vida personal, en su familia. No mires a otros en peor situación que la tuya, para luego decir: 'Yo estoy mejor.' Observa lo que Dios ha hecho en otros, y dile: 'Señor, dame aquello, dámelo a mí también.'

Procura leer por lo menos dos libros por mes y escuchar una grabación por semana. Una vez por mes toma contacto con alguna persona a la que has visto crecer en un área que te interesa. Invítala, conversa francamente con ella.

El problema de mucha gente es que se conforma con poco; le parece suficiente haber alcanzado algunas metas pequeñas, y se dice: 'Ya está; ahora, a disfrutar la vida.'

Recibe inspiración de Dios

Deja que la Palabra de Dios te enriquezca. Averigua cómo vivieron los hombres y mujeres de Dios, cómo era su manera de ser, los principios de fe que aplicaron. Aprende de ellos, no como historias del pasado sino como ejemplos todavía vigentes; están en la Biblia para que aprendamos de ellos.

No te conformes con poco. Cada meta que alcances debe alimentar tus sueños.

Si dedicas suficiente tiempo cada día para estar con el Señor, sin lugar a dudas él te inspirará con ideas grandes. Cuando estamos en su presencia algo poderoso sucede.

Además, por supuesto, Dios puede tratar con nosotros en cualquier momento: cuando nos duchamos, cuando dormimos, cuando paseamos. Siempre debemos estar atentos a la revelación que puede venirnos de parte de Dios.

Rompe con la lógica establecida

Muchas veces las ideas inspiradas van en el sentido contrario a todo lo que se venía haciendo. Hay iglesias que crecieron porque pusieron cultos de 10 a 14 horas: ¡Eso sí que va contra toda lógica! Las conductas esperadas traen resultados esperados; las conductas inesperadas traen resultados inesperados.

Acepta los riesgos

Las ideas inspiradas implican un riesgo porque tratan de algo nuevo, algo que no hemos transitado, algo que requiere fe.

Tendrás críticas

Al romper con los patrones ya establecidos tenemos que estar dispuestos a seguir adelante digan lo que digan, aunque nos tilden de herejes, liberales o alguna otra cosa.

Dedica esfuerzo extra

Los sueños que salen de lo común nacen en medio de dolores fuera de lo común, requieren una fe fuera de lo común y un esfuerzo fuera de lo común. También es extraordinaria la disciplina y la energía que hay que invertir en cada nuevo proyecto que Dios nos da.

Los diez mandamientos del vago

1. Se nace cansado y se vive para descansar.

2. Ama a tu cama como a ti mismo.

3. Si ves a alguien descansar, ayúdalo.

4. Descansa de día para que puedas dormir de noche.

5. El trabajo es sagrado, ¡no lo toques!

6. Aquello que puedas hacer mañana,
   no lo hagas hoy.

7. Trabaja lo menos que puedas;
   si hay algo para hacer, deja que lo haga otro.

8. Calma, nadie murió por descansar.

9. Cuando tengas deseo de trabajar,
   siéntate y espera que se te pase.

10. Si el trabajo es salud, que trabajen los enfermos.

Crecer y seguir creciendo

Para memorizar: 'Podremos cambiar las cosas cuando nosotros hayamos cambiado.'

Dios es exigente; no se conformará con dejarte donde estás. Cuando él te llama, lo hace para cambiarte, para que llegues más lejos. Él te ama como eres pero desea que cambies y crezcas.

Tampoco vamos a lograr cambiar nada solos. Muchas personas fracasan porque son capaces en muchos campos pero fallan en las relaciones personales. Volveremos sobre esto en otro capítulo.

El ejemplo de los siervos fieles

En la parábola de los talentos (Mateo 25.14–30), vemos que cada uno de los siervos fieles salió a negociar; es decir, se vinculó con otras personas.

Ser proactivos

Esto es más que ser activos. La persona activa sale porque le dijeron que saliera; en cambio el proactivo sale porque él mismo está motivado y toma la iniciativa de salir. Los siervos fieles tenían la meta de producir, ganar; sabían lo que querían y hacia dónde iban.

Priorizar

Lo que los siervos fieles hicieron era lo más importante; no perdieron el tiempo en cosas sin valor. Hicieron lo trascendental. En cambio el siervo infiel guardó el único talento que tenía y dejó pasar el tiempo. En consecuencia, nunca tuvo más que ese solo talento. Una vez que definimos lo importante podemos armar nuestra vida alrededor de eso.

Salir con optimismo

Esos siervos salieron con mentalidad ganadora. No salieron simplemente para ver qué pasaba sino para multiplicar lo que tenían. Estaban convencidos de que lo lograrían. Sembraron para ganar y sembraron bendición en otros.

Agradar a Dios

Lo que motivaba a aquellos siervos era agradar a su amo. Ellos sabían que los bienes no les pertenecían, sino que eran de su señor. Eran bienes que les habían sido confiados para ser multiplicados.

Cuando juegas para perder, sin duda lo logras

Uno de aquellos siervos no quiso ganar nada; de la misma forma, hay personas que se las ingenian para fracasar siempre. Viven en el pasado que ya pasó o en el futuro que todavía no llegó, y mientras tanto se aíslan de la gente.

Siervos de excelencia

Prepararse. Esa es la clave; muchos dejan de capacitarse y empiezan a declinar. Debemos leer, estudiar, orar, buscar y escuchar todo lo que nos enriquezca como personas.

Tenemos que hacer todo como para el Señor y no para los hombres.

    ¿Por qué no esforzarnos para mejorar nuestro servicio a Dios, si podemos hacerlo? ¿Por qué no aspirar a la excelencia, si podemos hacerlo? ¿Por qué no creer en nuestra capacidad de trabajar para el Señor y servir a otros, si podemos hacerlo? ¡Sí, podemos! Por eso comparto contigo algunos consejos prácticos que podrás implementar en tus tareas diarias de servicio:

Estar en la última ola de Dios. Cuanto más empapado estés de lo que Dios está haciendo en este tiempo, más fácil te resultará moverte dentro de la estrategia divina. Hay hermanos que quedan fuera de foco, fuera de la sintonía de lo que el Señor está haciendo en su medio.

Concéntrate en tu 20%. Con el 20% de nuestro talento logramos el 80% de nuestros resultados. Por lo tanto, debemos concentrarnos en ese 20% y no abrir el juego en cosas secundarias o paralelas. Aprende a poner el foco en los dones y talentos centrales que Dios te ha dado y en las principales tareas a las que te llamó.

Di la verdad y mantén tu palabra. Mantener este principio contiene una magnífica dosis de credibilidad y autoridad. Cuando las personas ven que cumplimos lo que decimos, nos siguen. Citar a alguien a una hora determinada y estar allí, o decir que vamos a hacer tal tarea y hacerla, trae bendición. Seremos dignos de crédito y Dios nos respaldará. Las personas que nos rodean creerán en lo que decimos, nos respetarán.

Ocho consejos para rendir más

Estos son consejos de Michael Kane, experto en comportamiento organizacional de la American Management Asociation (AMA), para que su tiempo de trabajo rinda.

1. **Fija prioridades**. Decide qué tareas deben ser realizadas hoy, esta semana o durante este mes.

2. **Delega**. ¿Estás perdiendo tiempo en cosas que podrían ser manejadas por otros? Deriva los asuntos periféricos o medianamente encaminados.

3. **Evita reuniones superfluas**. Si son inevitables, entonces fíjale al encuentro objetivos específicos. Determina quiénes deben asistir, preparados con qué material y decide cuánto tiempo se extenderá la reunión.

4. **Controla previamente los motivos**. Debes estar seguro de la razón y el valor de tu asistencia a determinados actos.

5. **Organiza tu tiempo en el viaje**. Si tu viaje es de muchas horas, reserva sólo dos para trabajar; el resto del tiempo, descansa. Apenas llegues ya no tendrás tiempo de hacerlo.

6. **Ajusta tu agenda a tus niveles de energía**. Si tu mayor concentración se produce durante la mañana, ¿por qué programar reuniones a las 15 horas, si es un horario en el cual no funcionas plenamente?

7. **No te quedes después de hora**. Estar presente más horas en la oficina no garantiza trabajar más.

8. **No olvides recrearte**. Es tu mejor cable a tierra para luego recargar baterías y volver a empezar al otro día.

Los siete pecados de las reuniones improductivas

1. **Nadie toma en serio la reunión**. La gente llega tarde, se va temprano y se la pasa haciendo garabatos.

2. **Las reuniones son demasiado largas**. Se debería lograr el doble en la mitad del tiempo.

3. **La gente se va por las ramas**. Se dedica más tiempo a la digresión que a la discusión de los temas propuestos.

4. **Después de la reunión no pasa nada**. Las decisiones no se traducen en acciones.

5. **No se dice la verdad**. Se conversa mucho, pero nadie se sincera.

6. **En las reuniones siempre falta alguna información importante**. Esto obliga a postergar decisiones cruciales.

7. **Las reuniones no mejoran**. La gente comete siempre los mismos errores.

Anota en tu cuaderno de oración los ocho consejos para rendir más. Pídele a Dios que te ayude a aplicarlos para ser un eficaz mayordomo de tu tiempo.

Capítulo 6

Cómo tratar bien
a la gente

Todos somos distintos, tenemos distinta
crianza, diversas maneras de pensar y de sentir; pero eso
no es motivo para estar alejados o llevarnos mal. Mucha
gente en la iglesia no avanza en la vida porque tiene problemas en sus relaciones interpersonales. Es lamentable
ver que mucha gente entierra su potencial o se va de la
iglesia porque se sintió maltratada, lastimada.

Debiéramos ser como los niños en la playa. Cuando
están haciendo un castillo de arena y viene el agua y lo
derriba, lo más probable es que los pequeños se frustren
un poco, luego se levanten, busquen otro lugar y comien-
cen de nuevo. El agua puede derribar el castillo pero no
la relación… Tal vez las tormentas de la vida tiren abajo
nuestros logros o frustren nuestros proyectos; pero no
debieran destruir nuestros vínculos.

Construir relaciones

Procura siempre entender a los demás para que luego
ellos te comprendan a ti. Logramos esto poniéndonos
en los zapatos del otro, pensando con la mente abierta,
preguntándonos por qué el otro siente lo que siente y
piensa como piensa.

Para poder ser efectivos en el trato con los demás debemos:

- Hablar siempre en un lenguaje sencillo.

- Mirar cara a cara para percibir las reacciones del otro.

- Reiterar el mensaje y comprobar que se recibió bien.

- Preguntar: ¿Cómo lo puedo decir para que me entiendan?

- Escuchar con efectividad.

En la iglesia auténtica no puede haber protagonistas solitarios, gente independiente. Necesitamos trabajar en equipo; lo que uno no tiene lo tiene el otro y de esa manera nos complementamos. La Madre Teresa dijo: 'Yo puedo hacer lo que tú no puedes, y tú puedes hacer lo que yo no puedo. Juntos podemos hacer grandes cosas.'

Observa a los gansos

El próximo otoño, cuando veas a los gansos dirigiéndose hacia el otro hemisferio para el invierno, fíjate que vuelan en forma de 'V'. Tal vez te interese saber por qué vuelan así. La ciencia ha descubierto que cuando cada pájaro bate sus alas, produce un movimiento en el aire que ayuda al pájaro que va detrás de él. Volando en 'V', la bandada de gansos alcanza por lo menos el 71% más de poder de vuelo que si cada pájaro volara solo.

Cada vez que un ganso sale de la formación siente inmediatamente la resistencia del aire, se da cuenta de la dificultad de hacerlo solo y rápidamente regresa a la bandada, para beneficiarse del poder del compañero que va adelante.

Cuando el líder de los gansos se cansa, pasa a uno de los lugares de atrás y otro ganso toma su lugar. Los gansos que van detrás graznan para alentar a los que van adelante, para que mantengan la velocidad. Finalmente, cuando un ganso se enferma o cae herido por un disparo, otros dos gansos salen de la formación y lo siguen para ayudarlo y protegerlo. Se quedan acompañándolo hasta que esté nuevamente en condiciones de volar o hasta que muere, y solo entonces los dos acompañantes vuelven a su bandada o se unen a otro grupo.

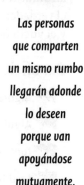

Las personas que comparten un mismo rumbo llegarán adonde lo deseen porque van apoyándose mutuamente.

Si tuviéramos la inteligencia de un ganso, nos mantendríamos con aquellos que se dirigen en nuestra misma dirección. Las personas que comparten un mismo rumbo y tienen sentido de comunidad pueden llegar adonde lo deseen más fácil y rápidamente, porque van apoyándose mutuamente.

Los seres humanos obtenemos mejores resultados si en los momentos difíciles nos ayudamos unos a otros, si nos respetamos mutuamente en todo momento, si compartimos los problemas y los trabajos más difíciles.

Cuando nos mantenemos uno al lado del otro, apoyándonos y acompañándonos, hacemos realidad el espíritu de equipo. Si, pese a nuestras diferencias, podemos conformar un verdadero equipo, entonces podremos afrontar todo tipo de situaciones. Cuando entendamos el verdadero valor de la amistad, la vida será más simple y el vuelo de cada año más placentero.

Beneficios de pertenecer a un equipo

- Alguien te ayuda.

- Alguien está al lado tuyo en momentos difíciles.

- Juntos somos más fuertes.

- Lo difícil resulta más fácil.

- Y un millón de beneficios más.

Cuando hacemos una unión espiritual con otro, la hacemos con el Dios de ambos. Una visión grande atrae a otros.

El maltrato

Es verdad que hay personas que, sin estar conscientes de

ello, disfrutan del maltrato. Prueba de esto es que siguen yendo a las iglesias donde los lastiman, les gritan y los insultan. ¡En cambio, cuando encuentran una iglesia que les da amor, huyen! 'Es muy liberal,' 'tibia,' 'no es para mí'. Con esas excusas vuelven al maltrato que recibían.

El buen trato no es muy buscado en estos tiempos, ni da al líder los resultados que asegura el control riguroso y abusivo; pero sin duda es más sano que este. Necesitamos aprender a tratar bien a los demás; también debemos enseñar a la gente que tiene derecho a ser cuidada y bien tratada.

No echar a nadie

Cuentan que en la carpintería hubo una extraña asamblea, una reunión de herramientas para arreglar diferencias. El martillo ejerció la presidencia, pero la asamblea protestó porque se pasaba el tiempo haciendo ruido.

El martillo reconoció su culpa, pero pidió que fuera expulsado el tornillo, argumentando que había que darle demasiadas vueltas para que sirviera. El tornillo aceptó el ataque pero exigió la expulsión de la lija. Señaló que era áspera en su trato y tenía fricciones con los demás. Y la lija estuvo de acuerdo pero exigió que fuera expulsado el metro que siempre se la pasaba midiendo a los demás como si fuera el único perfecto.

En eso entró el carpintero, se puso el delantal e inició su tarea. Utilizó el martillo, la lija, el metro y el tornillo. Finalmente la tosca madera se convirtió en un hermoso mueble.

Cuando la carpintería quedó nuevamente sola, la asamblea reanudó la deliberación. Fue entonces cuando el serrucho dijo: 'Señores, ha quedado demostrado que tenemos defectos pero el carpintero trabaja con nuestras cualidades. Esto es lo que nos hace valiosos. Dejemos de lado nuestras fallas y concentrémonos en la utilidad de nuestros méritos.'

La asamblea pudo ver entonces que el martillo es fuerte y el tornillo une, la lija pule asperezas, el metro es preciso. Entonces se vieron como un equipo capaz de producir muebles de calidad. Esta nueva mirada los hizo sentir orgullosos de sus fortalezas y de la oportunidad de trabajar juntos.

En consecuencia, *no fue necesario echar a nadie.*

Ejercicio **Mi manera de tratar a los demás**

¿Con qué frecuencia mostramos estas conductas? ¿Siempre? ¿A veces? ¿Nunca?

___ Gritar.

___ Criticar.

___ Difundir chismes.

___ Escuchar chismes.

___ Descalificar.

___ Contar cosas íntimas de alguien que no está presente.

___ No saludar.

___ Pelear.

___ Llegar tarde.

___ Faltar a una cita sin avisar.

___ Interrumpir a alguien que está hablando.

___ Mentir.

___ Juzgar.

___ Actuar como víctima.

___ Buscar aliados cuando tenemos problemas con alguien.

___ Insultar.

___ Retar a alguien delante de otros.

___ No cumplir nuestra palabra.

Pídele a Dios que erradique de raíz las conductas en tu vida que producen dolor en los otros y en ti mismo.

Hay otra manera

¿Con qué frecuencia mostramos estas conductas? ¿Siempre? ¿A veces? ¿Nunca?

___ Bendecir.

___ Alentar.

___ Felicitar.

___ Estimular.

___ Respetar.

___ Amar.

___ Abrazar.

___ Colaborar.

___ Compartir.

___ Dar.

Ora pidiendo a Dios que siga trabajando en tu vida para que se cultiven conductas que bendicen. Que haya más 'Siempre'.

Palabras que estimulan

Las palabras tienen mucho poder. Con nuestras palabras bendecimos o maldecimos. Procura usar palabras de bendición, elige expresiones que estimulen y entusiasmen a los demás. También los gestos expresan mucho; las frases que damos como ejemplo a continuación se pueden reforzar con una palmada en la espalda, un abrazo, un beso, una señal con el pulgar hacia arriba, una sonrisa afectuosa:

Ejercicio **Para animar a otros**

Practica expresarte así:

¡Excelente!

Estupendo.

Eres especial.

Extraordinario.

Magnífico.

Bien hecho.

Asombroso.

Sabía que lo conseguirías.

Estoy orgulloso de ti.

Fantástico.

Buen trabajo.

Lo dominas.

Hermoso.

Lo estás alcanzando.

Estás cerca.

Estás en el buen camino.

Gran trabajo.

Eres único.

Nada puede detenerte.

Me gusta lo que haces.

Qué inteligente lo que hiciste.

Espectacular.

Lo comprendiste.

Valoro tu ayuda.

Maravilloso.

Me gusta verte crecer.

¡Qué imaginación!

Significas mucho para mí.

Me has alegrado el día.

Estoy contento de que seas mi hijo.

Diez puntos.

Confío en ti.

 Oremos para que las palabras de la Madre Teresa de Calcuta se hagan carne en nuestras vidas: 'Yo puedo hacer lo que tú no puedes. Y tú puedes hacer lo que yo no puedo. Juntos podemos hacer grandes cosas.'

Capítulo 7

El humor

El optimismo es un estado de ánimo

que nos predispone para la acción. Por una parte, nos permite ver las circunstancias con otros ojos. Pero, ¡atención! Lo bueno es que al ver todo de otra manera, podemos sentirnos diferentes, actuar diferente y en consecuencia obtener resultados diferentes.

El humor está asociado al optimismo. Está demostrado que el humor en el lugar de trabajo brinda los siguientes beneficios:

1. Fortalece las relaciones y disminuye las barreras en la comunicación.

2. Crea un espacio de colaboración.

3. Aumenta la productividad y permite a la gente disfrutar más con lo que hace.

4. Favorece la creatividad.

5. Disminuye el estrés ocasionado por el trabajo.

6. Estimula el crecimiento.

7. Posiciona ante las posibilidades y las oportunidades.

8. Permite aprender del error.
9. Brinda diversión.

Ejercicio **La clave es el humor**
Responde:

¿Con qué frecuencia te ríes en el día?

_____
_____
_____
_____

¿Cómo era el humor en tu familia? ¿Quién se reía y quién no?

_____
_____
_____
_____
_____

¿Qué cosas te hacen reír?

_____
_____
_____

¿Cuál es tu chiste favorito?

_____
_____
_____

¿Qué tipo de bromas te hacen gracia y cuáles te resultan pesadas?

_____

_____

_____

_____

_____

¿Qué tipo de humor ves en tu iglesia y en los ambientes cristianos?

_____

_____

_____

_____

_____

¿Con cuál de estas opciones te parece que una persona no cristiana asociaría a un pastor o a un creyente?

___ Alegría.

___ Chistes.

___ Jovialidad.

___ Espontaneidad.

___ Risa.

___ Ríe a más no poder.

___ Humor.

___ Seriedad.

___ Reverencia.

___ Tristeza.

___ Formalidad.

___ Legalismos.

___ Pautas.

___ Ritos.

___ Ropa oscura.

___ Pocas palabras.

¿Por qué una fe gris?

Puedo imaginar lo que has respondido al cuestionario. La pregunta es: ¿Por qué? Hay años de historia 'seria' en nuestras espaldas y en nuestras reuniones. Me temo que en muchas iglesias, cuando entra una persona con intención de suicidio se va con la decisión tomada… Nuestras reuniones están cargadas de formalismo, impostaciones de voz, reverencias, ritos y más ritos, poca risa, poca alegría, nada de humor. ¿Pensamos que si faltan estos elementos no hay evangelio, crecimiento, discipulado o madurez?

Tuve una gran sorpresa cuando empezamos un programa de radio. Habíamos decidido hacerlo con mucho humor y palabras directas al corazón, y el teléfono no dejaba de sonar. ¡La gente estaba sorprendida de que hubiera 'pastores que ríen y hacen reír'! Allí pude ver claramente con cuánta negatividad llevamos, casi siempre, el glorioso mensaje de las buenas nuevas.

Algo ha pasado. Hemos permitido que el enemigo nos robe el gozo de Dios; hemos perdido el sentido de fiesta, de encuentro festivo, de tumba vacía, de triunfo eterno. ¿Por qué algunos jóvenes, cuando se convierten, pierden el humor que tenían antes de hacerse cristianos? Cuando entran a la iglesia quedan atrapados en ritos y mandamientos, y, sobre todo, en una postura de 'reverencia' que parece ser el sello del camino estrecho y difícil de la vida cristiana.

Lo que mata al humor
El legalismo

Defino al legalista como alguien que no puede ver reír a otro cristiano. Está lleno de mandamientos negativos y prácticas 'serias'.

Este género no es nuevo. Jesús denunciaba a los fariseos porque imponían a otros cargas que ellos mismos no podían llevar, y de esa manera hacían difícil que la gente entrara al reino de Dios.

En mi barrio había un muchacho llamado Sergio. Era el más chistoso del grupo hasta que se convirtió… En una oportunidad lo encontré en la calle y me contó como había aceptado al Señor. Con voz lúgubre y depresiva me dijo que había entrado en el severo camino de la fe. No pude dejar de pensar que si antes se deslizaba contento al infierno, ahora iba al cielo amargado. ¿Hace falta?

Mensajeros del pesimismo

Hay gente que con su actitud predica la depresión y la queja. Algunos pastores lo hacen desde el púlpito: mensajes depresivos, quejosos, polémicos, agresivos. Las personas que han reprimido la alegría y tienen el espíritu amargado predican esa filosofía de vida como si fuese palabra de Dios.

Luego de investigar a cientos de iglesias de todo el mundo, Christian Schwarz resumió las ocho características básicas de las iglesias que habían crecido. Una de ellas era las relaciones afectivas marcadas por *una gran dosis de humor.*

El diablo se ríe; pero Dios, ¡nunca!

Al diablo se lo pinta siempre riendo. La escena presenta al mundo con sus placeres y a todos los pecadores comiendo, divertidos. ¿Y del lado de la iglesia? Un Dios serio, mirando desde arriba a sus hijos para controlarlos y castigarlos.

La vida cristiana se pinta difícil y sacrificada; la humildad se representa en el agujero de la suela del zapato del pastor. Nuestras reuniones están marcadas por la formalidad y la seriedad que se considera propia de los siervos de Dios. A Jesús se lo representa como un hombre serio, flaco, medio depresivo, caminando lentamente por las montañas de la antigua Jerusalén.

En resumen, el placer está en el mundo y el dolor en la iglesia. ¡Nada más lejos de la verdad!

El masoquismo y la represión emocional

Hay personas que no pueden disfrutar de la bendición de Dios. Cuando reciben una bendición ya piensan que el enemigo está por atacar. Por eso la guerra espiritual ha producido tanto impacto en Latinoamérica: queremos ver sangre, dolor, guerra. Sentimos que Satanás está siempre al acecho. Mucha gente parece negarse la posibilidad de bendición, de triunfo, de visiones grandes, de gozo y alegría; las consideran peligrosas. Es una lástima que tantos cristianos prefieran reprimir las emociones, callar el humor, tapar el gozo; eligen sufrir, aguantar, orar llorando.

Muchos pastores y líderes de iglesia, presos de sus propias represiones sexuales y emotivas, no permiten que nadie exprese sus emociones de gozo en las reuniones o en la vida diaria. Líderes que tienen graves represiones han hecho que una generación entera viva reprimida, como si ese estilo fuera el modelo de la vida cristiana.

Confusiones peligrosas

Hemos confundido lo que es el humor. Muchas veces lo que hacemos es otra cosa:

◣ **Burlones**: Cargar a otros, ser agresivos.

◣ **Mascaritas**: Poner cara de cumpleaños feliz, una máscara de falsa alegría. No aceptamos los momentos difíciles y simulamos que todo está bien. En otras palabras, hipocresía.

▰ **Payasos**: Reímos todo el tiempo porque tomamos todo con liviandad, con superficialidad.

▰ **Locos o perversos**: La risa del psicópata, el humor negro y retorcido, la risa del incoherente, la broma pesada, el humor sarcástico y agresivo, las groserías.

Reír es saludable

El humor y la salud están unidos, como lo han comprobado médicos y psicólogos. No debiera sorprendernos, ya que Dios mismo nos alienta a recuperar el gozo.

Algunos de los beneficios físicos y psicológicos del buen humor:

▰ **Previene infartos**: Cuando las relaciones interpersonales y familiares se aflojan, también lo hace el corazón.

▰ **Fortalece el sistema inmunológico**: La mucosa nasal de las personas más sonrientes tiene mayor cantidad de inmunoglobulina A, una sustancia que refuerza las defensas del organismo.

▰ **Ayuda a superar el estrés**: Produce distensión en los músculos. En un 'ataque de risa', perdemos control, nos soltamos. Reír a carcajadas libera las emociones internas, y puede ir acompañado con lágrimas.

Mejora la respiración: La risa ayuda a la oxigenación de nuestro cuerpo y segrega endorfinas (estas nos dan una mayor sensación de placer).

Además, la risa es contagiosa.

El humor en la Biblia

A hombres como Abraham, Salomón, Pablo, Timoteo, los imaginamos siempre serios. También imaginamos así a Jesús. Sin embargo, la Biblia está llena de referencias sobre la alegría, el gozo, el humor, etc. Es imposible analizar todas las referencias, pero menciono algunos pasajes a modo de ejemplo.

En el Antiguo Testamento se describen varias fiestas religiosas, ¡y en todas está presente la alegría! En la pascua, en la fiesta de los tabernáculos, en *purim*. También cuando se trasladó el arca y cuando se dedicaron las murallas hubo fiesta.

Dios nos anima a alegrarnos con nuestro cónyuge (Proverbios 5.18), cuando los impíos dejan de gobernar (Proverbios 11.10), con los que confían en el Señor (Salmo 5.11), con los salvos (Salmo 13.5), en Dios (Salmo 32.11), con los que lo buscan (Salmo 105.3), con los que van al templo (Salmo 122.1), en su misericordia (Salmo 31.7), porque él reina (Salmo 97.1), en su Palabra (Salmo 119.16), en el trabajo (Eclesiastés 5.18), en la vida (Eclesiastés 9.9).

Dios promete que al salir de cautividad 'nuestra vida se llenará de risa' (Salmo 126.2). Nos invita a acercarnos a él con regocijo (Salmo 100.2). La alegría hermosea el rostro (Proverbios 15.13). Es como tener un banquete continuo (Proverbios 15.15), es decir, nos relaja, nos distrae, nos asocia a gente de fe.

En el Nuevo Testamento se nos invita a gozarnos con los que se gozan (Romanos 12.15). También afirma Pablo que el reino de los cielos es justicia, paz y alegría en el Espíritu Santo (Romanos 14.17).

Los discípulos se reunían con alegría y sencillez de corazón, ¡y tenían gozo incluso cuando eran encarcelados! Predicaban con gozo, ofrendaban con gozo. En Tesalonicenses 5.16 el apóstol Pablo nos pide que estemos siempre gozosos.

Cómo recuperar el ánimo alegre
Rescatar las pequeñas cosas de la vida
Hay pequeñas alegrías, que vienen de las vivencias simples. Necesitamos abrir los ojos para ver cada día las muchas muestras del amor de Dios y el afecto de otras personas. La clave no está en tener muchas posesiones: con frecuencia los ricos se sienten más desgraciados que el término medio de la población.

No dejar de congregarnos
Los seres humanos somos personas sociales. El aislamiento va minando el estado de ánimo, además de generar conflictos emocionales serios.

Amarnos a nosotros mismos
De acuerdo a lo que pensamos de nosotros mismos, así nos llevamos con los demás. Si nos aceptamos como somos, estaremos más felices con nosotros mismos y con otros.

Deleitarnos en el Señor
Gozarnos en su Palabra y en su presencia maravillosa, conversar con el Señor y caminar con él con gozo, ser conscientes de su presencia y de la de sus ángeles a nuestro alrededor.

Cómo matar las preocupaciones

¡Son tantas! El pasado, el futuro, el trabajo, los hijos, la familia, el cuerpo, el dinero. Quienes no saben vencer las preocupaciones mueren jóvenes.

Pregúntate: ¿Qué es lo peor que me puede suceder en alguna de esas áreas? Ahora acéptalo, o prepárate para aceptarlo en caso de que ocurriera. Pon tu confianza en los propósitos y el cuidado de Dios.

Síntomas más frecuentes de la preocupación

Úlceras y otras enfermedades: No siempre las úlceras son producidas por lo que comemos sino más bien por lo que nos come desde adentro. En un estudio que se le hizo a 176 ejecutivos, de 44 años de edad promedio, se detectó que presentaban problemas cardíacos, úlceras, presión sanguínea alta. Una de las causas principales era la preocupación. El reumatismo, la diabetes, y en realidad todas las enfermedades son generadas o por lo menos agravadas por la preocupación.

Los asuntos que más nos afligen son la familia, la economía y la salud. Hay muchos motivos reales que producen preocupación. Pero, ¿a quién has confiado tu vida?

> Echad toda vuestra ansiedad sobre él,
> porque él tiene cuidado de vosotros.
>
> 1 Pedro 5.7

Cómo evitar la preocupación
Cuidar la percepción

Podemos equivocarnos con las interpretaciones que hacemos de los hechos. Se dice que no son las cosas las que nos enferman sino la imagen que tenemos de ellas.

Recuerda el dicho: 'Si tu problema no tiene solución, ¿por qué preocuparte? Y si tiene solución, ¿por qué preocuparte?'

Reunir toda la información posible

Siempre hay datos que se nos escapan, cosas que no conocemos. Para no caer presa de la ansiedad, procura informarte; imagina que eres un abogado que está juntando las evidencias para un caso que necesita ganar.

Cuando uno se enferma es natural que se preocupe, pero buena parte de esa preocupación desaparece cuando el médico nos explica qué es lo que tenemos y cuál es el remedio. Lo mismo ocurre en otros asuntos.

Pensar qué podemos hacer

La preocupación es el resultado de meditar en lo que el diablo nos susurra al oído; es creer en sus palabras y no en las de Dios. Recordemos que Dios está con nosotros, y que su poder se activará de manera sobrenatural en medio de nosotros.

Las preocupaciones se controlan con acción, no con emoción. Uno de los mejores recursos es ponernos en marcha, empezar a buscar las soluciones.

Rechazar las pequeñeces

Cuanto más grande sea tu visión, menos te preocuparás por pequeñeces. Con el tiempo, a medida que mantengas el foco en tus metas importantes, aprenderás que hay asuntos por los que no vale la pena ponerse mal.

La preocupación es el resultado de meditar en lo que el diablo nos susurra al oído.

Perdonar

Es mejor soltar a nuestros enemigos: no perder ni un minuto de nuestra vida pensando en las personas malvadas, sino entregarlas a Dios para salvación. Dejemos de maldecir y de vengarnos de quien nos ofende.

No esperar gratitud

Si consideramos el relato sobre los leprosos a los que Jesús sanó, una de cada diez personas da las gracias por un bien que recibe. No esperes agradecimiento; sirve por el placer de asemejarte a Jesús. Así disfrutarás de lo que haces sin preocuparte demasiado por los efectos o la respuesta de otros.

Tomar en cuenta lo que tenemos
(No lo que nos falta.) Lo que ahora tenemos es la llave para nuestro futuro. Dios multiplicará lo que nos ha dado.

Los tres árboles

Había una vez tres árboles en una colina de un bosque. Hablaban acerca de sus sueños y esperanzas, y el primero dijo: 'Algún día seré cofre de tesoros. Estaré lleno de oro, plata y piedras preciosas. Estaré decorado con labrados artísticos y tallados finos. Todos verán mi belleza.'

El segundo árbol dijo: 'Algún día seré una poderosa embarcación, llevaré a los más grandes reyes y reinas a través de los océanos, e iré a todos los rincones del mundo. Todos se sentirán seguros por mi fortaleza, fuerza y mi poderoso casco.'

Finalmente el tercer árbol dijo: 'Yo quiero crecer para ser el más recto y grande de todos los árboles en el bosque. La gente me verá en la cima de la colina, mirará mis poderosas ramas y pensarán en el Dios de los cielos, y cuán cerca estoy de alcanzarlo. Seré el árbol más grande de todos los tiempos y la gente siempre me recordará.'

Los árboles suplicaban que sus sueños se

convirtieran en realidad. Así pasaron los años y un grupo de leñadores vino al bosque. Cuando uno de ellos vio al primer árbol dijo: 'Este parece un árbol fuerte, creo que podría vender su madera a un carpintero,' y comenzó a cortarlo. El árbol estaba feliz porque sabía que el carpintero podría convertirlo en cofre de tesoros.

El otro leñador dijo, mientras observaba al segundo árbol: 'Parece un árbol fuerte, creo que lo podré vender al carpintero del puerto.' El segundo árbol se puso muy feliz porque sabía que estaba en camino a convertirse en una poderosa embarcación.

El último leñador se acercó al tercer árbol, que estaba muy asustado pues sabía que, si lo cortaban, su sueño nunca se volvería realidad. El leñador dijo entonces: 'No necesito nada especial del árbol que corte, así que tomaré este,' y lo cortó.

Cuando el primer árbol llegó a las manos del carpintero, fue convertido en un cajón de comida para animales. Lo colocaron en un pesebre y lo llenaron de paja. Se sintió muy mal pues eso no era por lo que tanto había orado.

El segundo árbol fue cortado y convertido en una pequeña balsa de pesca, ni siquiera lo suficientemente grande para navegar en el mar, y fue puesto en un lago. Así el árbol vio como su sueño de ser una gran embarcación que llevaría reyes por el mar había llegado a su final.

El tercer árbol fue cortado en largas y pesadas tablas que luego dejaron en la oscuridad de una bodega.

Años mas tarde, los árboles ya habían olvidado sus sueños y esperanzas por las que tanto habían orado. Entonces, un día, un hombre y una mujer llegaron al pesebre. Ella dio a luz a un niño, y lo colocó en la paja que había dentro del cajón en que había sido transformado el primer árbol.

El hombre deseaba haber podido tener una cuna para su bebé, pero este cajón debería serlo. El árbol sintió la importancia de este acontecimiento y supo que había contenido el más grande tesoro de la historia.

Años más tarde un grupo de hombres entraron en la barca en la que habían convertido al segundo árbol. Uno de ellos estaba cansado y se durmió en la barca. Mientras estaban en el agua una gran tormenta se desató y el árbol pensó que no sería lo suficientemente fuerte para salvar a los hombres.

Los hombres despertaron al que dormía, este se levantó y dijo: '¡Calma! ¡Quédate quieto!' y la tormenta y las olas se detuvieron. En ese momento el segundo árbol se dio cuenta de que había llevado al Rey de Reyes y Señor de Señores.

Finalmente, un tiempo después alguien vino y tomó al tercer árbol convertido en tablas. Fue cargado por las calles, mientras la gente escupía, insultaba y golpeaba al hombre que lo cargaba. Se detuvieron en una pequeña colina y el hombre fue clavado al árbol y levantado para morir en la cima de la colina. Cuando llegó el domingo, el tercer árbol se dio cuenta que había sido lo suficientemente fuerte para permanecer erguido en la cima de la colina, y estar tan cerca de Dios como nunca, porque Jesús había sido crucificado en él.

Cuando parece que las cosas no van de acuerdo con tus planes, debes recordar que Dios tiene un plan para ti. Si pones tu confianza en él, él te dará grandes regalos, a su tiempo. Recuerda que cada árbol obtuvo lo que pidió, sólo que no en la forma en que pensaba. No siempre sabemos lo que Dios quiere para nosotros; sólo sabemos que sus caminos no son los nuestros, ¡pero sus caminos siempre son los mejores!

Para memorizar: 'Este es el día que hizo Jehová, ¡nos gozaremos y alegraremos en él!' Salmo 118.24

Capítulo 8

Decisiones

Capítulo 3

Decisiones

Decidir es elegir una entre dos o más alternativas que se presentan simultáneamente o son incompatibles entre sí.

¿Cuándo es mejor una alternativa que otra?

➤ Cuando ayuda a dar.

➤ Cuando requiere menos esfuerzo.

➤ Cuando produce más satisfacción.

➤ Cuando es más posible llevarla a cabo.

Decidir entre opciones

A veces decidir implica conflicto, que puede ser más o menos intenso.

◢ **Conflicto de atracción—atracción**: cuando todas las alternativas son igualmente atractivas, pero solo podemos optar por una.

◢ **Conflicto de evitación—evitación**: cuando todas las alternativas son igualmente desagradables, pero necesariamente tenemos que optar por una.

■ **Conflicto de atracción—evitación:** cuando una de las alternativas es atractiva y la otra desagradable.

Pisando en tierra firme

La vida consiste en decisiones. Vivimos decidiendo; desde comprar un pantalón hasta dónde viviremos y qué ministerios desarrollaremos. Todo debemos decidirlo.

Hoy somos lo que hemos decidido ayer, mañana seremos las decisiones que tomemos hoy. Mucha gente viene bien, agradando y sirviendo a Dios, pero toma malas decisiones que luego lamenta. Son personas que, por decidir mal, retroceden en lo económico, en lo espiritual o en otras áreas.

El rey Saúl tomó malas decisiones y le fue mal. El rey Salomón tomó malas decisiones y le fue mal. Hoy también conocemos personas que están cosechando las consecuencias de sus malas decisiones.

El objetivo de este capítulo es entrenarnos para tomar decisiones correctas y para transformar los obstáculos en oportunidades de crecimiento.

Factores que llevan a decidir mal

Decidir a partir de pocos elementos

Hay personas que no tienen todos los datos de ese nuevo negocio que van a emprender y lo mismo se 'mandan'. O no saben cómo realizar una tarea y lo mismo pretenden hacerla. Antes de tomar una decisión, busca todos los elementos que necesitarás, sean conocimientos, recursos, compañeros de equipo.

Decidir en forma impulsiva

Jesús dijo que debíamos ser prudentes como serpientes. El pasaje no dice *astuto* sino *prudente*; nunca te apresures.

Dice Proverbios 10.19: 'En las muchas palabras no falta pecado; el que refrena sus labios es prudente.' Hay personas que instantáneamente toman decisiones. 'Se va de boca,' decimos. De esta manera, es fácil equivocarse. Es más difícil volver atrás.

Para tomar buenas decisiones debemos seguir todo el consejo de Dios. Dice Proverbios que 'el hombre prudente calla … [sus] labios justos son joya preciosa y complacen a los reyes' (11.12; 16.13; 20.15).

Alguien que tomaba decisiones impulsivas era el apóstol Pedro. ¡Cuántas veces le dijo a Jesús 'mi vida daría por ti', 'nunca te negaré', 'no me lavarás los pies', ¡pero luego tenía que reconocer sus malas decisiones !

Decidir en medio de la tormenta

Es decir, tomar malas decisiones en medio de una crisis, en medio del dolor, en medio de la enfermedad. Esto fue lo que hizo Abraham: cuando se vio en aprietos, le dijo a su mujer que dijera que era su hermana. En lugar de confiar en Dios quiso usar esa estrategia para salvar su vida.

Decidir mientras estamos interiormente mal

Cuando estamos enojados, todo lo vemos mal. Lo que antes no nos molestaba ahora sí nos molesta. Cuando estamos mal escuchamos mal, hablamos mal.

Un ejemplo de decisiones tomadas en malas condiciones es el de Elías. Estaba desanimado y entonces veía todo mal. Decidió aislarse y hasta le pidió a Dios que le quitara el ministerio y la vida.

Decidir por el pecado

Hay momentos en que el pecado nos parece una alternativa válida. Nunca lo es. Siempre trae muerte y su final es para nuestra destrucción.

Nunca decidas nada que limite tu vida de fe. Las malas decisiones nos afectan profundamente. He aquí algunos ejemplos:

- Decidí quedarme en mi casa, no congregarme más.
- Decidí volver a la iglesia cuando esté bien.
- Decidí que por un tiempo no voy a orar.
- Decidí congregarme en todas las iglesias.
- Decidí no obedecer a mi pastor.
- Decidí ceder al pecado sexual.

Aunque el pecado parezca la salida, terminará siendo tu amo; su camino es de muerte.

Cómo decidir bien

Somos el resultado de nuestras decisiones. Las personas que hoy están llenas del Espíritu Santo, que han crecido y tienen unción, son personas que decidieron bien y pagaron el costo para estar mejor.

Para decisiones grandes busca consejeros ungidos

Dice Proverbios 11.14: 'La seguridad está en los muchos consejeros'. Y en Proverbios 15.22 dice que 'Los pensamientos se frustran donde falta el consejo'.

Ahora bien, esas personas a las cuales consultamos deben ser personas fieles a Dios. El Salmo 1 dice: 'Feliz el hombre que no sigue el consejo de los malvados (VP).' Un ejemplo muy claro es el de Roboam; cuando buscó consejo entre sus amigos jóvenes, esas decisiones lo llevaron a perder el reino (2 Crónicas 10).

Toma las decisiones grandes en equipo

Nunca decidas solo; busca a tu compañero o a tu cónyuge. No tomes decisiones importantes por tu cuenta. Si no llegas a un acuerdo con tu cónyuge, suspende la decisión y oren. Luego decidan juntos, busquen consenso. Si les va bien, les irá bien a los dos; y si mal, será a los dos.

Busca siempre la voz de Dios como autoridad final

El consejo es bueno, pero el mayor consejero es el Espíritu Santo. Recuerda que el consejo de otras personas es una sugerencia pero el mandamiento del Señor es una orden. Cuando Dios te dé una orden, obedécela.

Asume la responsabilidad de decidir

Nunca te dejes presionar por nadie. Nunca te dejes intimidar. Nunca te dejes llenar la cabeza. Tú eres quien decide.

Recibe la revelación

Con esto nos referimos al 'darse cuenta'; cuando Dios nos dice algo y nosotros decimos 'aaahhh'. Recibir revelación nos hace felices. Jesús le dijo a Pedro: 'Bienaventurado eres, Simón, hijo de Jonás, porque no te lo reveló carne ni sangre, sino mi Padre que está en los cielos'.

Cuando los discípulos de Emaús caminaban con Jesús, dice el texto que su corazón ardía, y que eso era porque Dios les estaba revelando la verdad (Lucas 24.32).

Fija una fecha para decidir

En lugar de decidir, mucha gente pospone hasta el infinito. No lo hagas. Decide un plazo, y busca la voz de Dios. Luego decide; no te pases la vida posponiendo decisiones.

Pregúntate qué haría Jesús en tu lugar

Imagina a Jesús en tu lugar, en tu proyecto, en tu empresa. ¿Cómo se conduciría, qué haría, qué diría, qué callaría?

También podemos ponernos nosotros en el lugar de Jesús. ¿Cómo haríamos esto si fuéramos él? ¿Qué pensaríamos, qué sentiríamos en esta situación si fuéramos Jesús?

Decisiones de carácter espiritual

Cuando te decidas por Dios, cumple el 100% de lo decidido. Que nuestro sí sea sí y nuestro no sea no. Cuando decidamos trabajar, hagámoslo con toda la pasión y amor por él.

Si decides mal, admítelo y sigue adelante. Todos tomamos malas decisiones alguna vez; lo importante es reconocerlo y seguir adelante. Ayer ya pasó, debemos seguir adelante. Hay personas que deciden mal y después se pasan la vida tratando de recuperar el pasado, en lugar de seguir adelante. No se puede vivir en el pasado.

Dedica todo a Dios y a la extensión de su reino. Esa es la voluntad de Dios.

Seguir la voluntad de Dios no se reduce a la decisión particular de un momento; se trata más bien de una relación en la que vamos conociendo el pensamiento de Dios. Son sus valores los que deben orientar nuestras decisiones. Decide siempre agradar y servir a Dios con todo tu corazón. Cuando decides por él, aun cuando parezca que todo está en contra, Dios te respaldará. Y si él te respalda, con eso es suficiente.

Dedica todo a Dios y a la extensión de su reino. Esa es la voluntad de Dios.

Aprende de Jesús

Resumiendo los conceptos más importantes de este libro, podríamos decir que estos son los aspectos que debes tener en cuenta para avanzar y tener una vida provechosa:

- Fijarte metas.
- Planificar el uso del tiempo.
- Capacitarte.
- Tener actitud transformadora.
- Disfrutar de todo lo bueno.
- Tener una sana autoimagen.
- Ampliar tu percepción.
- Mantener intimidad con Dios.
- Aprender de y con los demás.
- Aprender del mejor, del más grande: Jesús.

El modelo de Jesús

Nació en una oscura aldea, hijo de una mujer campesina.

Creció en otra aldea, donde trabajó como carpintero hasta la edad de treinta años.

Luego enseñó, predicó el evangelio y sanó toda enfermedad y toda dolencia.

Nunca escribió un libro.

Nunca tuvo una oficina.

No estableció una familia ni poseyó una vivienda.

No fue a la universidad.

Nunca visitó una ciudad grande.

Nunca viajó a más de 320 kilómetros del lugar de nacimiento.

Nunca hizo ninguna de las cosas que generalmente se asocian con la grandeza.

Jamás presentó credenciales, porque no las tenía; él era su propia credencial.

No fue médico pero curó todas las enfermedades.

No fue abogado pero explicó los principios básicos de la ley.

No fue escritor pero inspiró las obras cumbre de la literatura.

No fue poeta ni músico pero es alma de todos los poemas inmortales.

No fue artista pero llenó de luz a los genios de todos los tiempos.

No fue estadista pero fundó las más sólidas instituciones de la sociedad.

No fue general pero conquistó a millones de corazones en el mundo.

No fue descubridor pero demostró a los mortales los mundos de la inmortalidad.

Había llegado apenas a los 30 años cuando la corriente de la opinión pública se volvió en su contra.

Sus amigos huyeron.

Fue entregado a sus enemigos y se lo sometió a la farsa de un juicio.

Fue clavado en una cruz, entre dos ladrones. Mientras agonizaba, sus verdugos echaban suertes sobre sus ropas, única propiedad que tuvo en este mundo.

Cuando murió, fue depositado en una tumba prestada, gracias a la piedad de un amigo.

Han pasado más de veinte siglos, y ahora es la figura central de la historia humana.

Todos los ejércitos que han marchado, todos los parlamentos, y todos los reyes, puestos juntos, no han afectado la existencia del ser humano sobre esta tierra como lo hizo esa única vida, la de Jesucristo.

 Si quieres tener una vida con sentido y provecho como él la tuvo, si quieres ser parte del proyecto eterno de Dios ¡comienza ahora! El Espíritu Santo quiere despertar el máximo potencial que hay en ti.

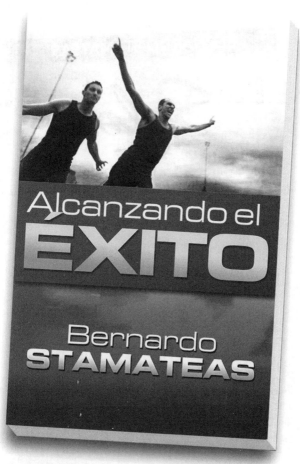

Cuando alcanzas tus metas, y estas
coinciden con el propósito y los principios
de Dios, eres una persona exitosa.

CertezaArgentina

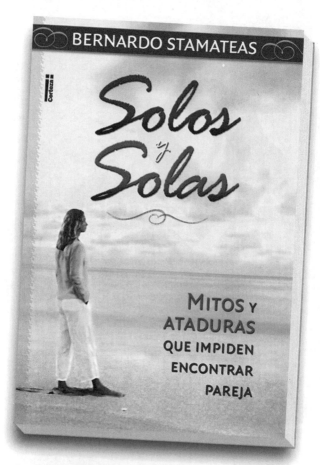

BERNARDO STAMATEAS

Solos y Solas

MITOS Y
ATADURAS
QUE IMPIDEN
ENCONTRAR
PAREJA

Cómo ayudar a los solteros, viudos,
separados y adultos sin pareja a
encontrar una pareja estable.

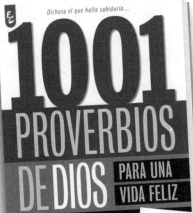

1001 Proverbios
de Dios.

Te tomo la
palabra.

Esta edición se terminó de imprimir
en Editorial Buena Semilla,
Carrera 28 a, Nº 64 a-34, Bogotá, Colombia,
en el mes de mayo de 2012.